AF316422

LA JUSTICE

DANS

LE SUFFRAGE UNIVERSEL

PAR

UN ÉLECTEUR DES BOUCHES-DU-RHONE

MARSEILLE

IMPRIMERIE CENTRALE E. CAMOIN

RUE CHEVALIER-ROSE, 29

1875

Lb 57 5432

LA JUSTICE

DANS

LE SUFFRAGE UNIVERSEL

Le suffrage universel tel qu'il est aujourd'hui pratiqué est une grande injustice et un grand péril pour la société.

Il est une injustice parce que :

Le vote de l'ignorant a la même force que celui du savant ;

Le vote du pâtre a la même valeur que celui de l'académicien ;

Celui du manœuvre la même puissance que celui du diplomate consommé.

Parce qu'il n'établit aucune différence entre :

Le simple soldat et le Général ;

Entre le matelot et l'Amiral ;

Entre le maréchal-ferrant et le Maréchal de France ;

Entre l'indigent et le plus fort imposé ;

Entre le jeune étourdi de 20 ans et l'homme prudent de 60 ;

Et quelquefois entre l'honnête homme et le pervers.

En un mot c'est l'écrasement de l'Intelligence par la Force.

Sous l'apparence d'une trompeuse égalité, il constitue une inégalité profonde et une révoltante iniquité.

Le suffrage universel est un péril parce qu'il est une injustice ;

Parce que c'est la force matérielle qui commande et non la force intellectuelle et morale ;

Parce que c'est le désordre qui prime ;

L'ignorance qui domine.

Le nombre qui fait la loi.

L'inexpérience et l'étourderie qui conduisent le vaisseau de l'Etat vers des écueils où le naufrage est certain.

Les projets présentés jusqu'à ce jour laissant subsister ce fâcheux état de choses, nous avons conçu le plan, que nous allons ébaucher seulement, qui nous semble faire disparaître l'injustice et conjurer le péril. Nous le soumettons avec confiance aux hommes éclairés qui représentent la France ; ils le modifieront au gré de leurs lumières.

Droit
et Devoir.

Droit et Devoir sont deux mots corrélatifs. Il n'est pas de Droit sans Devoir, il n'est pas de Devoir sans Droit. Plus on a de devoirs à remplir, plus on a de droits à faire valoir. D'après ce principe, qui est un axiôme de justice, l'Etat qui impose à tout citoyen, même indigent et illettré, le Devoir de verser son sang pour sa patrie lui doit, en échange, un Droit : celui de le défendre par son vote, après l'avoir défendu par son bras. Mais si l'homme indigent possède le droit d'être électeur, l'homme riche à qui le pays impose, outre le devoir de le défendre, celui de payer des impôts considérables, doit avoir des droits plus étendus.

Puisque vous avez établi l'impôt proportionnel, il est juste que vous accordiez le vote proportionnel.

Le citoyen instruit et clairvoyant, qui connaît les hommes et les affaires, a aussi plus de droits que l'ignorant frappé de cécité intellectuelle et quelquefois morale. Vous lui devez, en toute justice la même proportionnalité.

M. de Bismark a osé dire : « La force prime le droit » ; répondons lui avec une noble fierté : « En France le droit et l'intelligence priment la force. »

Équilibre
entre
les Droits
et les Devoirs

Pour établir un juste équilibre entre les droits et les devoirs, constatons que la propriété se présente à nous sous quatre formes bien distinctes :

La propriété immobilière,

La propriété mobilière,

La propriété intellectuelle,

La propriété-morale.

Ces deux dernières prédominent les autres et l'emportent sur elles, autant que l'intelligence et la vertu l'emportent sur la matière.

Reconnaissons que la propriété, ainsi divisée, est accessible, à des degrés divers, à tout citoyen ayant quelque valeur et quelque prévoyance, et pour être justes, établissons la force élective de chacun proportionnellement à l'étendue de ces quatre propriétés.

Propriété Immobilière

Puisque l'impôt proportionnel fonctionne, il est juste que le vote proportionnel fonctionne aussi.

L'indigent ayant droit à une voix, il me semble juste que le contribuable payant de 150 à 200 francs en ait 2. 2

 De 500 à 1000 francs. 3

 1000 et au-dessus. . . . , . . . 4

Propriété Mobilière

Il me semble encore juste et raisonnable que l'industriel, le commerçant et le négociant qui paient à l'Etat des impôts considérables, tels que : patente, personnelle, mobilière, etc., jouissent de plus de droits que leurs domestiques, ouvriers ou employés exempts de tout impôt.

Que la propriété mobilière obtienne donc les mêmes conditions de proportionnalité que la propriété foncière.

Propriété intellectuelle

Le citoyen illettré ayant *une voix*, l'homme instruit devrait en avoir *deux* et même davantage, selon le degré de son instruction. Ainsi, tout électeur pourvu d'un brevet de capacité, ou d'un certificat d'admission au volontariat d'un an, ou de tout autre certificat équivalent, aurait deux voix. 2
Le bachelier ès-lettres ou ès-sciences. . . . 3
Le licencié et l'agrégé de grammaire. . . 4
Le docteur et l'agrégé des classes supérieures. 5
Les proviseurs, les inspecteurs d'académie et les doyens de faculté. 6
Les recteurs et inspecteurs généraux. . . . 8
Les membres de l'institut. 10
ainsi que les Ministres ou ex-Ministres de l'instruction publique.

Ces grandes faveurs accordées à l'instruction seront un puissant levier pour faire monter le niveau des études et pour relever notre pays de son abaissement.

La propriété intellectuelle s'étend à tous les grades des armées de terre et de mer, à toutes les administrations de l'Etat. Aux représentants de la Nation, aux membres du Sénat et à ceux du Corps diplomatique.

Armée de terre

Armée de terre.

Le simple soldat ayant une voix. .	1
Le sous-officier devrait en avoir. .	2
L'officier subalterne.	3
Le chef de bataillon.	4
Le colonel et lieutenant-colonel. .	5
Le général de brigade.	6
Le général de division.	8
Le maréchal de France.	10

ainsi que les Ministres et ex-Ministres de la guerre.

Armée de mer

Armée de mer.

Fixons une règle équivalente pour l'armée de mer.

Toutefois, malgré les droits précédemment reconnus, la prudence semble prescrire, pour des raisons majeures, de suspendre les droits électoraux pour tout homme en activité de service, mais, une fois rentré dans la vie civile, qu'il y jouisse des droits conférés à son grade.

Établissons même progression hiérarchique :

Pour le clergé,

Pour la magistrature,

Pour les diverses administrations,

Pour les grades de la Légion-d'honneur.

Propriété Morale

Ce titre de propriété méconnu, oublié jusqu'à ce jour, est le plus beau, le plus honorable, j'ose dire le plus glorieux de tous. Il s'acquiert, avec le temps et le mérite personnel, par tout citoyen non illettré, qui, domicilié et demeurant dans la même commune, a mené, sous les yeux de ses concitoyens, une vie laborieuse, utile, probe, sans tache.

L'âge, la vérification du casier judiciaire, l'avis d'un jury cantonal nommé *ad hoc* concourent à le décerner.

C'est un encouragement au bien,

Une récompense au mérite,

Le couronnement d'une belle vie,

Un puissant moyen de moralisation,

Un grand acte de tardive justice !

Aberration étrange ! la Loi qui est la sagesse écrite d'une nation et qui doit en être la justice et la prudence, la loi, dis-je, comparant l'étourdi de vingt ans, frivole et sans expérience, avec l'homme sérieux de quarante ans, avec l'homme grave de cinquante, avec l'homme expérimenté de soixante, n'a fait aucune distinction ! elle a trouvé la même valeur morale, la même capacité électorale ! Mais l'armateur le plus vulgaire agit avec plus de discernement. Il ne confie la direction de son navire, chargé de quelques colis et monté par quelques hommes seulement, qu'à des officiers âgés de 25 ans au moins et possédant des titres de science, d'expérience, de connaissance approfondie de leur état et ne laisse aux matelots qu'un rôle secondaire et selon leur aptitude ; et vous, la Loi, vous confiez indistinctement, et à titre égal. au premier matelot venu, la direction du grand navire de l'Etat, chargé de 36 millions d'âmes et de la fortune de la France ! Vous ne faites aucune différence entre Nelson et son mousse, entre Mac-Mahon et son brosseur ;

Conditions. Hâtons-nous de réparer cette erreur et de faire comme l'armateur prudent et avisé, proportionnons le rôle de chacun à son aptitude, à son mérite, à sa capacité. N'accordons le titre d'électeur qu'à l'homme de 25 ans, ayant conservé tous ses droits et comptant, dans la commune où il s'est fait inscrire, *un an* de domicile pour les élections politiques et *trois ans* pour les élections locales. Ce sera là son premier titre de propriété morale avec *une voix.*

Que l'homme de 40 ans, non illettré, qui a

fait ses preuves de valeur morale sous les regards de ses concitoyens, comptant 10 ans de domicile dans sa commune et admis par le jury cantonal, obtienne son deuxième titre de propriété morale, avec *deux voix*.

Que le citoyen âgé de 50 ans, remplissant les mêmes conditions et comptant 15 ans de domicile, ait son troisième titre, avec *trois voix*.

Qu'enfin le citoyen arrivé à 60 ans, produisant les mêmes titres, avec 20 ans de domicile, ait droit au quatrième titre de propriété morale avec *quatre voix*.

Vous aurez ainsi introduit dans le fonctionnement du suffrage universel un commencement de justice qui lui manquait à son début. L'expérience et la sagesse du législateur la feront entrer complètement avec le temps.

Remarques

1re.— La condition de domicile (10, 15 et 20 ans) pourrait être modifiée par la présentation d'nn certificat du jury cantonal du pays qu'on a habité.

2me. — Exiger trois ans de domicile pour les élections politiques nous paraît être une entrave à la liberté, une mutilation du suffrage universel. Le candidat politique est ordinairement un personnage assez connu pour qu'un électeur de 25 ans puisse voter en connaissance de cause.

Il n'en est pas de même pour les élections muni-
cipales et autres. De là la différence entre *un an*
et *trois ans*.

Le jury cantonal se composerait de tous les
citoyens de 60 à 70 ans, jouissant dans le canton
du quatrième titre de propriété morale.

Provisoirement, il serait nommé dans chaque
commune, à la pluralité des voix, par le suffrage
des électeurs au-dessus de quarante ans, et il serait pris parmi les citoyens au-dessus de 60 ans,
à raison de trois membres au moins pour les
communes les moins importantes, et à raison
de trois membres pour cent électeurs de 40 ans,
pour les communes populeuses, qui seraient au
besoin divisées et subdivisées. Le maire de la
commnne, le juge de paix du canton, le membre
du conseil général et du conseil d'arrondissement
en font partie de droit.

On pourrait leur adjoindre 1, 2, et même 3
délégués du conseil municipal, selon l'importance de la commune.

La réunion est présidée par le juge de paix ou
un autre magistrat.

Le vote est secret.

Toute absence est punie d'une amende de 500
francs.

Cette élection du jury est de la plus haute
importance et d'une application facile dans nos
36,000 communes rurales.

Le jury cantonal trouve son analogue dans

le jury des cours d'assises, dans l'institution des prud'hommes, dans nos tribunaux de commerce. C'est toujours l'homme jugé par ses pairs, sortis de l'élection. Du reste, ici, c'est moins le jury qui juge, que l'électeur qui se fait juger par ses actes.

L'homme immoral ou improbe qui a su éviter la correctionnelle ou les assises, se trouve atteint par un tribunal compétent, éclairé et convaincu par des faits et gestes de plusieurs années.

Le scrutin secret met chaque membre de ce tribunal à l'abri de la haine. L'âge et le nombre des juges ajoutent encore à sa protection.

Notre réforme ne procède pas par l'exclusion et l'arbitraire, mais par la justice et le droit. Elle n'éloigne personne de l'urne ; elle laisse jouer à chaque citoyen le rôle qu'il est digne de remplir. Elle conserve à chaque électeur ses droits et sa valeur personnelle, sans acception de parti, et elle lui assure l'importance qu'il s'est justement acquise par son intelligence, son activité, par sa capacité et ses services rendus.

Elle reconnait à tout citoyen âgé de 25 ans le *Droit* d'être électeur, et elle lui impose le *Devoir* de se faire inscrire sur les listes électorales dans la commune où il réside. Il doit obtenir un coëfficient de voix égal aux droits que lui confèrent les divers titres de propriété qu'il peut présenter.
— Il est passible d'une amende proportionnée à son coëfficient, s'il ne remplit pas cette formalité

Droits et Devoirs électoraux.

de l'inscription. — L'amende est double et même triple, s'il se dispense de remplir son devoir d'électeur (hors le cas de force majeure). Il doit se présenter à l'inscription chaque fois que ses titres de propriété lui donnent un coëfficient plus élevé, ou moins élevé que celui de la dernière inscription.

Ce devoir de l'inscription et du vote est une obligation aussi rigoureuse que les déclarations de naissance et de décès. La loi l'impose pour l'état civil, qu'elle l'impose pour l'état politique.

Application. Les conséquences de cette réforme ont une grande portée ; et cependant rien de plus simple que l'application de ce système : Un docteur en médecine, par exemple, se présente au bureau des inscriptions électorales ayant en main les titres suivants :

Propriété immobilière, impôts, fr. 315. voix 2
Propriété intellectuelle, docteur. . . . . » 5
Propriété morale, 42 ans (avec titres à
  l'appui) . . . . » 2

Total. . . . . voix 9

Sa carte d'électeur porte le coëfficient neuf. — En se présentant à l'urne, il dépose neuf bulletins.

Résumé

La propriété foncière qui donne de l'importance à l'homme, sans lui donner cependant ni

lumières, ni vertu, obtient en maximun quatre
voix 4
La propriété mobilière, même chiffre. 4
La propriété morale, indépendamment de la
    fortune, donne aussi quatre voix. 4
    Car il est juste que le mérite seul puisse arri-
ver au niveau des plus grandes fortunes.
Mais la propriété intellectuelle arrive au
    maximun de dix voix. 10
dans chacune de ses branches, parce que, en défi-
nitive, c'est l'intelligence qui *éclaire* le monde
et qui doit *le conduire*.

Restrictions

    Mêmes restrictions que celles apportées par
les lois actuelles relativement au vol, recel,
escroquerie, faillite frauduleuse, viol, etc.

    Mais aggravation pour les cas d'ivrognerie.

    Tout électeur ayant subi une condamnation
pour ivrognerie est privé de son droit électoral
pour deux ans. En cas de récidive, nouvelle pri-
vation pour cinq ans. A la troisième condamna-
tion, il est radié des listes électorales.

    La question du suffrage universel est la plus
importante de notre époque. Sagement résolue,
elle épargnera au pays de violentes commotions,

— l'ère des révolutions violentes et ruineuses sera close, et l'ère du progrès réfléchi, lent et véritable, sera inaugurée. Comme beaucoup d'idées et de lois françaises, elle fera le tour du monde. — Non résolue, ou mal résolue, elle mène droit aux abîmes. .

Résolue dans le sens que nous indiquons, elle imprime aux générations à venir un grand élan vers la *Science* et vers le *Bien*. Elle apporte la sécurité intérieure avec toutes ses conséquences.

La dissolution de la Chambre cesse d'être un épouvantail, et l'on peut consulter le pays en toute assurance ; car c'est la France *intelligente* et *morale* qui prend en main ses destinées.

Louis-Philippe est tombé pour avoir refusé l'adjonction des capacités, le suffrage universel tombera, après avoir glissé dans la boue et dans le sang, si la nation refuse dans les élections l'adjonction de la justice et du bon sens, c'est-à-dire la prépondérance des capacités et de la valeur morale.

L'auteur de ces lignes n'appartient à aucun parti politique extrême. Mais il est du grand parti de la Justice et du Progrès *en tout et partout*. Il est par conséquent du grand parti de la France et de la Civilisation.

Marseille. — Imprimerie E. CAMOIN, rue Chevalier-Rose, 29.

www.ingramcontent.com/pod-product-compliance
Lightning Source LLC
LaVergne TN
LVHW010105060726
842524LV00006B/2332